Das Wasserhoroskop

Die Weisheit des Wassers nutzen

Ein Wahrsagespiel

Hinweis

Auch wenn die Ratschläge gewissenhaft von der Autorin geprüft wurden, übernimmt weder die Verfasserin noch der Verlag Haftung für Schäden irgendwelcher Art, die sich direkt oder/und indirekt aus einem falsch verstandenen Gebrauch des hier vorgestellten Systems ergeben könnten.

Impressum
Bibliographische Infomationen der Deutsche Bibliothek
Die Deutsche Bibliothek verzeichnet diese Publikation in der Deutschen Nationalbibliographie. Detaillierte Daten sind im Internet erhältlich.
Http://dnb.dnb.de
© Lotte Mausinger-Schwarz
"Das Wasserhoroskop" - Die Weisheit des Wassers nutzen - Ein Wahrsagespiel
Erste Auflage 2010
Zweite Auflage 2014
Alle Rechte vorbehalten.
Die Verwertung der Texte und Bilder ist ohne Zustimmung des Autors urheberrechtswidrig und strafbar. Die gilt auch für Vervielfätigungen, Übersetzungen, Mikroverfilmungen und für die Verarbeitung mit elektronischen Systemen.
Layout: Crefos Lohmar
Herstellung und Verlag: Books on Demand GmbH, Norderstedt
ISBN-13: 9783842326408

Einleitung

Wahrsagespiele verfügen über eine jahrhundertelange Tradition. Wir wissen von Riten der Azteken, die aus einer Art Popcorn die Zukunft lasen. Wir wissen aus dem alten Rom von einer Art frühen Bleigießens, und natürlich erfreute sich das orientalische Kaffeesatzlesen seit dem Mittelalter großer Beliebtheit.

Gemein ist allen Formen mantischer Praktiken, dass sie dem Fragenden unter der Prämisse, Auskunft über zukünftige Ereignisse zu geben, eine psychologische Funktion erfüllen. So geben Sie über bestimmte offene Fragen den Trost, eine potentiell offene und unsichere Zukunft zu ordnen. Zugleich sind Horoskope Medien, Selbsterkenntnis zu gewinnen und entlasten dabei den Einzelnen von der Last der Verantwortung über das eigene Schicksal.

In diesem Kontext sollte auch das hier vorgestellte Wahrsagespiel verstanden werden. Es ist ein zwangloses und unverbindliches Spiel, was keineswegs herabsetzend gemeint ist. Vielmehr zeigt sich - frei nach Schiller - der wahre Mensch im Spiel.

Wasserhoroskop

Das Wasser ist ein besonderes Element. Wasser bedeckt nicht nur den größten Teil unseres Planeten, auch besteht unser Körper zum weitaus größten Teil aus Wasser. Chemisch setzt sich Wasser aus zwei Wasserstoffatomen und einem Sauerstoffatom (H_2O) zusammen. Seit der Antike kommt dem Wasser in der Philosophie eine zentrale Rolle zu. Für Thales von Milet war das Wasser Grundlage allen Seins. Auch in der Vier-Elementen-Lehre von Aristoteles war Wasser neben Feuer, Luft und Erde eines der Grundelemente. Und so wundert es auch nicht, dass dem Wasser in religiösen Riten oft eine zentrale Bedeutung zukam. Im Christentum hat es die Rolle eines Urelementes und Lebensbringers. Und gerade die christliche Taufe, die über Jahrhunderte als Ganzkörpertaufe praktiziert wurde, vermittelte eine Vorstellung des Jenseits.

Das Wasser als Orakel wurde bereits vor Jahrhunderten befragt. Oft wurde dabei in fließende Quellen oder auch in stehende Gewässer geblickt, und im Widerschein von Sonnen- oder Mondlicht und Umgebung offenbarte sich dem Schauenden das Orakel. Besonders die hohen Feiertage, wie St. Martin, Johanni und Silvester waren noch im Mittelalter ideale Zeitpunkte für die Hydromantie. Eine häusliche Form dieser Wasserschau war das Wasserorakel, das aus einer Schüssel mit Wasser gelesen wurde. Dabei wurde eine Technik eingesetzt, bei der der Ratsuchende seinen Blick „unscharf" stellt, um so durch die Oberfläche zu dringen.

Eine andere Methode bestand darin, einen Tropfen Öl in das Wasser zu geben und aus den entstehenden Formen Antworten auf die gestellte Frage zu bekommen. Das in diesem Buch Angewandte ist eine Weiterentwicklung dieses Systems, bei dem es zwei Techniken gibt:

Wasserwerfen & Spucken

Beide Systeme werden im Freien auf einem Steinboden ausgeführt. Es hat sich bewährt, das Orakel nach bestimmten Riten durchzuführen. Will man eine Aussage über die Gegenwart erhalten, so sollte man das Wasser stehend vor sich ausbringen. Bei Fragen über die Vergangenheit sollte man im Gehen nach rechts schütten bzw. speien, da auf der rechten Seite die Kräfte der Vergangenheit beheimatet sind. Will man aber etwas über die Zukunft erfahren, so sollte man nach links schütten bzw. speien, da auf der Herzseite die Intuition beheimatet ist.

Beim Wasserwerfen nimmt der Fragende ein halb gefülltes Glas Wasser in die linke Hand und dreht es mit einem schnellen Schwung nach rechts, sodass das Wasser dem Suchenden vor die Füße spritzt.

Eine intensivere Verbindung des Fragenden mit dem Wasser wird im Wasserspucken erzielt, da sich hier das Wasser kurzfristig mit dem Körper des Ratsuchenden verbindet. Der Ratsuchende nimmt einen kleinen Schluck in den Mund und spuckt diesen mit einem kräftigen Luftstoß wieder aus. Bei dieser Technik verbinden sich zwei Elemente: einerseits das Wasser, das als Medium bereits vorgestellt wurde und andererseits die Handlung des Spucken.

Der Spucke wird seit alters her magische Kraft zugestanden, da sie aus dem Inneren des Körpers entstammt und so auch Träger der Seele ist. Nicht umsonst wird daher noch heute symbolisch in die Hände gespuckt, wenn es eine schwere Aufgabe anzupacken gilt oder wenn man jemanden abwerten will und auf diesen oder vor diesen spuckt.

Sehr wichtig: Man sollte nur einmal pro Tag das Wasserorakel zurate ziehen, da zu viele Aussagen die eigentliche Botschaft eines Orakels verfälschen.

Die 4 Häuser

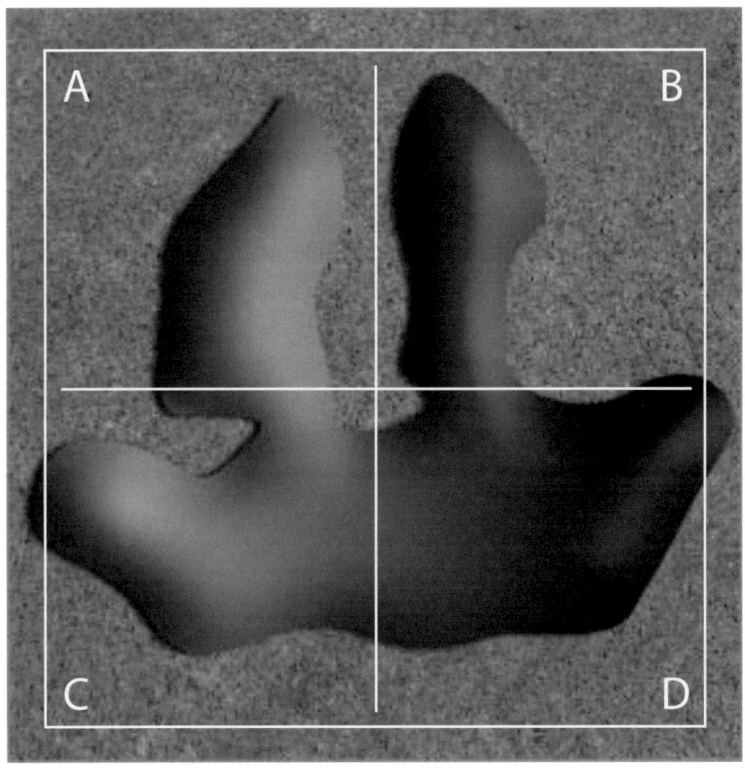

Betrachtet man einen Wasserklecks, so hat er meist ein Zentrum, von dem aus bestimmte Bereiche stärker gewichtet sind. Wir denken uns also ein aufrecht stehendes Kreuz über dem Mittelpunkt des Kleckses und erhalten so vier Viertel. Damit die Aussage aber nicht zufällig ist, dürfen wir nicht den Standpunkt verändern, sondern auf der Seite stehen bleiben, von der wir uns aus dem Wasserklecks genähert haben.

Diese können bestimmten Qualitäten zugeordnet werden. Beginnen wir links oben, das ist der Herzbereich. Die Gewichtung in diesem Feld gibt die Intensität an, wie entsprechende Aussagen zu deuten sind. Ist dieser Bereich besonders ausgeprägt, so handelt es sich um eine sehr intensive Qualität. Ist dieser Bereich hingegen wenig oder kaum besetzt, handelt es sich vielleicht sogar um einen Mangel. Der Bereich rechts oben ist der geistigen Sphäre zugeordnet, hier ist die Ratio, das Denken und die Vernunft beheimatet. Auch hier gibt die Verteilung der Spucke Aufschluss über die Intensität des Gefühls. Links unten ist der Bereich des Wassers: Das Wasser ist das Element, das einerseits trägt, aber in dem man auch ertrinken kann. Damit gibt dieses Feld Auskunft darüber, wie der Ratsuchende in seiner seelischen Umwelt verortet ist. Der letzte Bereich ist das Feld rechts unten, das Erdfeld. Dieses Feld gibt Auskunft über die weltliche Seite, die irdische Umwelt, in der wir uns bewegen.

Adler

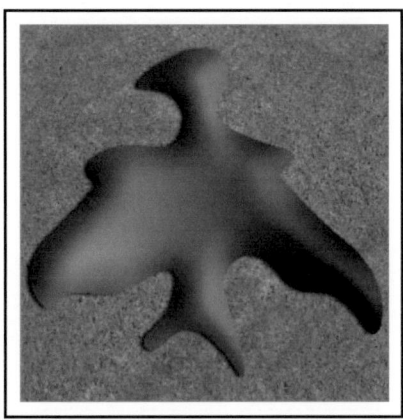

Der Adler ist ein Symbol der Freiheit. Lassen Sie einengende Gedanken einfach los. Breiten Sie Ihre Flügel aus und begeben Sie sich in neue Gebiete.

Angel

Der Angler braucht Geduld, um zum Erfolg zu gelangen. Nicht jeder dicke Fisch beißt sofort an. Nehmen Sie sich für Ihre Vorhaben Zeit und denken Sie daran: Auch viele kleine Fische machen satt.

Apfel

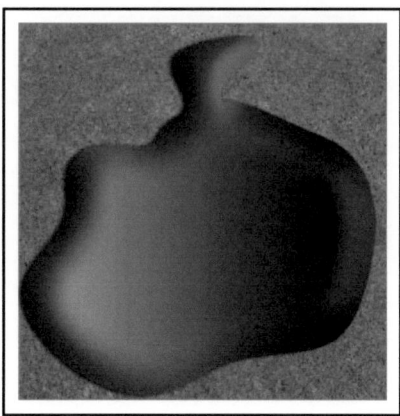

Der Apfel ist seit alters her ein Symbol der Liebe, aber auch der Versuchung. Geben Sie nicht jeder Versuchung nach, auch wenn sie noch so verlockend ist.

Auge

Das Auge ist das Tor zur Seele. Blicken Sie in sich und versuchen Sie, sich über Ihre Wünsche und Träume klar zu werden.

Auto

Auch wenn wir denken, dass das Auto ein Statussymbol sei, ist es doch in erster Linie ein Fortbewegungsmittel. Bewerten Sie Äußerlichkeiten nicht über. Oftmals verdeckt glänzender Lack nur eine marode Karosserie.

Baby

Wenn Sie dieses Zeichen erkennen, bedeutet das nicht ausschließlich, dass Sie mit Nachwuchs rechnen können. Vielmehr steht das Baby für die Unschuld und die Faszination an der Umwelt. Seien Sie mutig und entdecken auch Sie das Kind in Ihnen.

Bach

Das fließende Wasser reinigt und strebt unaufhaltsam von der Quelle zum Meer. Lassen Sie sich in Ihren Vorhaben nicht von Problemen aufhalten, Sie können das Ziel erreichen.

Ballon

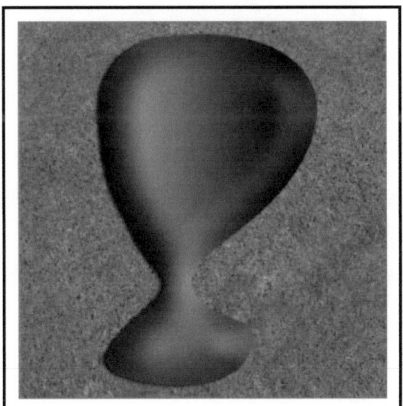

Der Ballon ist ein Luftsymbol. Kappen Sie die Leine, die Sie festhält, und nehmen neue Horizonte in den Blick.

Banane

Im Mittelalter wurde die Banane als Paradiesfeige bezeichnet. Arbeiten Sie daran, Ihr Lebensumfeld zu Ihrem persönlichen Garten Eden umzugestalten.

Baum

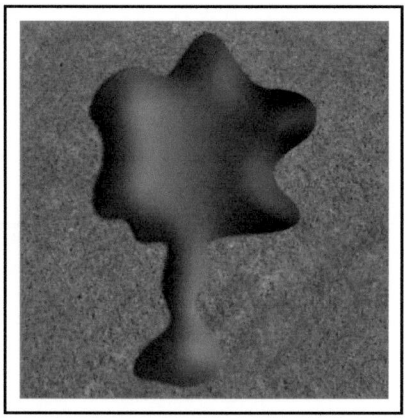

Die Lebensenergie wird durch den Baum ausgedrückt. Nichts bringt Sie aus der Ruhe. Sie stellen sich auch dem ärgsten Sturm entgegen und können sich auf Ihre starken Wurzeln verlassen.

Beil

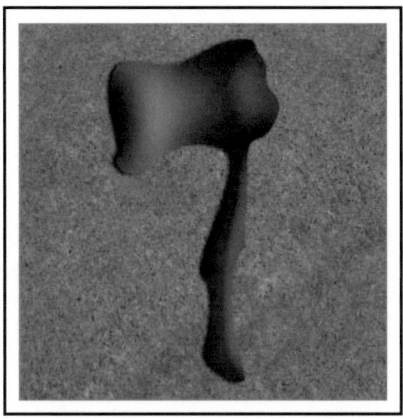

Das Beil trennt Morsches und lässt so Raum für Neues entstehen. Lichten Sie auch Ihre Projekte, damit die wichtigen mehr Kraft erhalten.

Berg

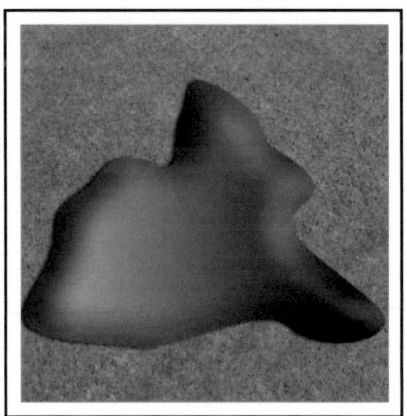

Es ist mühsam, einen Berg zu erklimmen, aber man wird mit einer wunderbaren Aussicht belohnt. Bleiben Sie Ihren Ideen treu, auch wenn es manchmal schwer fällt.

Birne

Die Birne steht für das weibliche Prinzip. Es ist nicht nur die Form, sondern die Zartheit und Süße der Frucht, die diese auszeichnet. Versuchen Sie, mit Charme Ihre Umwelt zu verzücken.

Blatt

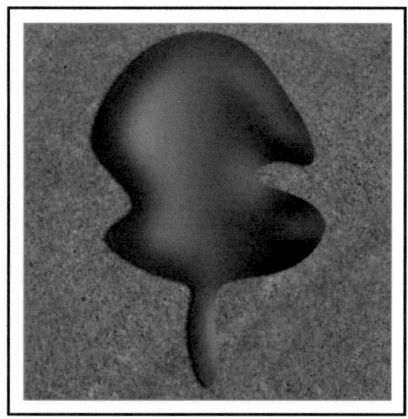

Das Blatt steht für die Vergänglichkeit, aber zugleich auch für den Neuanfang. So wie ein Baum im Herbst seine Blätter verliert, um im Frühjahr zu neuer Blüte zu gelangen, so sollten Sie auch Ballast abwerfen, um neue Energie zu schöpfen.

Blume

Die Blume lockt durch ihre Schönheit und ihren Duft Insekten an, um sich zu vermehren. Nutzen Sie Ihre attraktiven Qualitäten, um Mitstreiter zu finden und so Ihr Ziel zu erreichen.

Bohne

Die Bohne ist ein Glückssymbol. Mit genügend Pflege ist mit einer reichen Ernte zu rechnen. Kultivieren Sie Ihre Träume und ernten Sie den Ertrag.

Bombe

Auch wenn die Bombe ein martialisches Symbol ist, das ungeheure Explosivkräfte freisetzen kann und dabei vieles zum Einsturz bringt, schafft sie auch Platz für Neues. Manchmal ist ein Kraftakt nötig, um sich von Fesseln zu lösen.

Brücke

Die Brücke verbindet gegenüberliegende Ufer und ermöglicht so den Austausch. Es bedarf aber Mut, den ersten Schritt über eine neu errichtete Brücke zu gehen. Haben Sie Mut, sich auf dieses Abenteuer einzulassen und Sie werden Neues entdecken.

Buchstabe

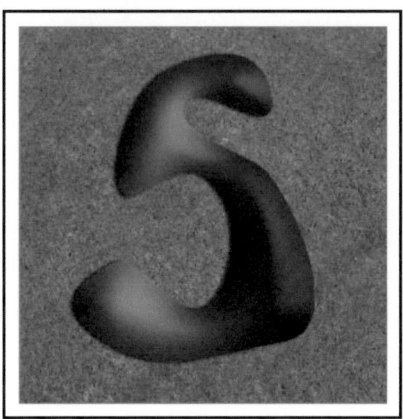

Der Buchstabe hat in der Wahrsagerei eine alte Bedeutung und gibt Ihnen einen Hinweis auf einen wichtigen Menschen, dessen Name mit dem entsprechenden Buchstaben beginnt.

Burg

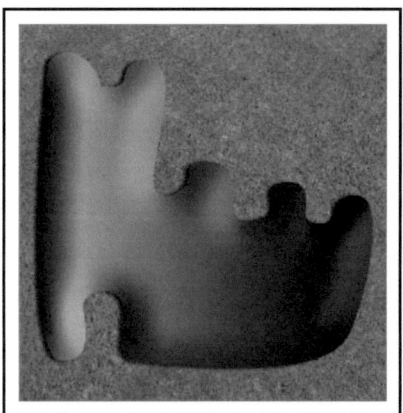

Die Burg ist ein Schutzraum und bietet bei Gefahr Zuflucht.

Schaffen Sie sich auch ein Refugium, in dem Sie sich sicher fühlen und Kräfte sammeln können.

Busch

Viele Tiere und Pflanzen finden unter dem Busch Schutz. Der Busch ist die Kinderstube der Natur. Seien Sie auch für Ihre Umwelt ein Ort, an dem Mitmenschen in Sicherheit heranwachsen können.

Dinosaurier

Die Dinosaurier starben deshalb, weil sie sich nicht an veränderte Umweltbedingungen anpassen konnten. Seien Sie flexibel entwickeln Sie ein Gespür für Änderungen.

Ei

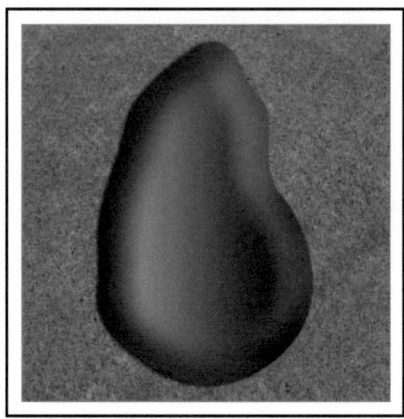

Das Fruchtbarkeitssymbol Ei steht für einen Neuanfang. Aber bei jedem Neuanfang muss erst einmal die harte Schale durchbrochen werden. Lassen Sie sich bei einem neuen Vorhaben von Hindernissen nicht aufhalten.

Einhorn

Die Unschuld wird durch das Einhorn dargestellt. Nur der, der reinen Herzens ist, wird das Einhorn sehen.

Verdrängen Sie egoistische Gedanken und Sie werden die Welt mit anderen Augen sehen. Eine wunderwelt des Zaubers könnte auf Sie warten.

Engel

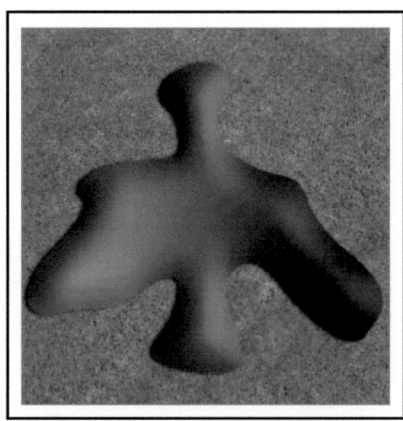

Engel sind zwischen Himmel und Erde zu Hause. Sie sind Himmelsboten und Schutzengel, aber man muss an sie glauben, wenn sie einem helfen sollen. Haben Sie Vertrauen in Ihr Leben.

Feder

Die Feder wird vom Wind herumgetragen und ist trotz Ihrer Leichtigkeit robust und stabil. Versuchen Sie einmal, sich vom Leben tragen zu lassen, ohne dabei Ihre Persönlichkeit aufzugeben.

Feuer

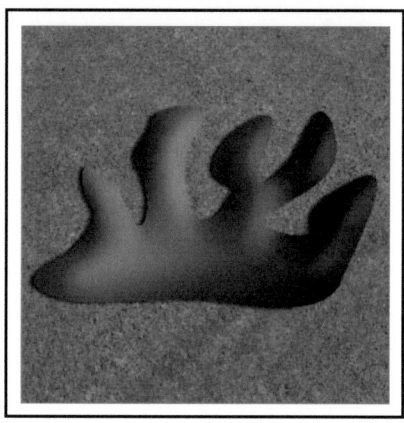

Das Feuer vereint zwei gegensätzliche Qualitäten. Einerseits Gefahr und andererseits Wärme. Sorgen Sie dafür, dass Ihr Vorhaben kein Strohfeuer ist, das kurz und heiß lodert, sondern dass Ihr Streben beständig glimmt und so Ihr Leben erwärmt.

Finger

Der Finger ist ein Zeiger, der in eine bestimmte Richtung weist. Bringen Sie Geradlinigkeit in Ihr Handeln, sodass ein Ziel erkennbar wird.

Flasche

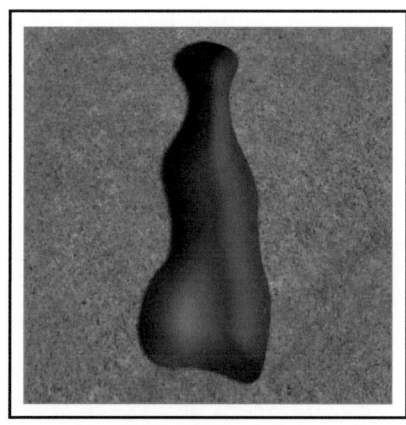

Die Flasche ist ein Behältnis, in dem Ingredienzien sicher aufbewahrt werden können. Seien Sie auch ein Aufbewahrungsort, an dem wertvolle Geheimnisse vertraulich bewahrt werden.

Fünfeck

Die fünf ist das Symbol für den Menschen. So gibt es fünf Sinne. Werden Sie sich dieser bewusst und setzen Sie all diese gezielt ein. Sie werden manches Neues wahrnehmen.

Geist

Der Geist ist ein übernatürliches, spirituelles Wesen. Kultivieren Sie Ihre Empfindsamkeit auch Dingen gegenüber, die im geistigen Reich liegen.

Gesicht

Je nachdem, ob das Gesicht fröhlich oder traurig blickt, gibt es Ihnen Aufschluss über gewisse starke Gefühlsregungen, die Sie noch unbewusst mit sich herumtragen.

Gewicht

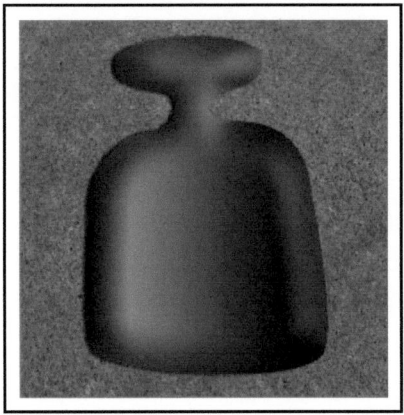

Das Gewicht zieht zur Erde und kann auch manchen Luftsprung verhindern. Nehmen Sie es als Hinweis, sich nicht von jeder Idee forttragen zu lassen. Verlieren Sie nicht den Boden unter den Füßen.

Gitter

Das Gitter versperrt den Zugang, lässt aber einen Blick in das Innere zu. Schaffen Sie, wo nötig, Distanz, aber versperren Sie nicht den Weg zu Ihrem Innersten.

Glocke

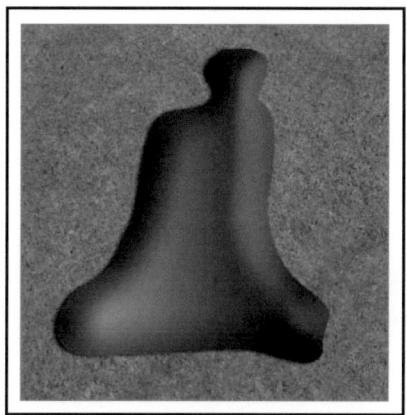

Die Glocke teilt den Tag in Stunden. Strukturieren Sie Ihren Tagesablauf und geben jedem Ding seine Zeit.

Halbmond

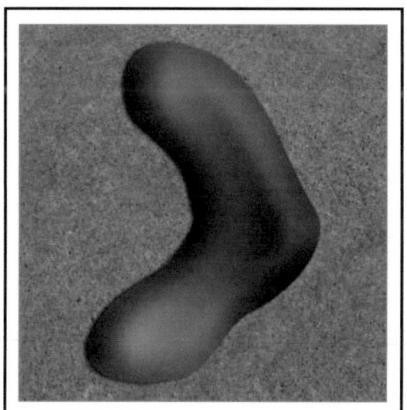

Der Mond hat Einfluss auf unsere Energie. Ist es ein zunehmender Halbmond, können Sie einen Energieschub erwarten. Ist es ein abnehmender, sollten Sie mit Ihren Energien haushalten.

Hammer

Der Hammer ist ein Symbol für Tatkraft. Packen Sie ruhig Ihre Projekte an, aber achten Sie darauf, dass Sie diese vor lauter Tatendrang nicht beschädigen.

Hand

Die Hand ist eng verwandt mit der fünf bzw. dem Fünfeck. Die ausgestreckte Hand ist ein Zeichen, dass man bereit ist, zusammenzuarbeiten. Machen Sie den ersten Schritt, gehen Sie auf andere zu.

Hase

Der Hase ist seit alters her ein Sinnbild für Fruchtbarkeit, aber auch für Vorsicht.

So lautet ein Sprichwort: "Angst hat große Augen"*

Klären Sie zuerst das Umfeld, bevor Sie sich mit neuen Ideen hinaus in die Welt wagen.

Quelle: * http://www.sprichworte-und-zitate.de/die-angst-hat-grosse-169/ [Abfrage: 16.08.10]

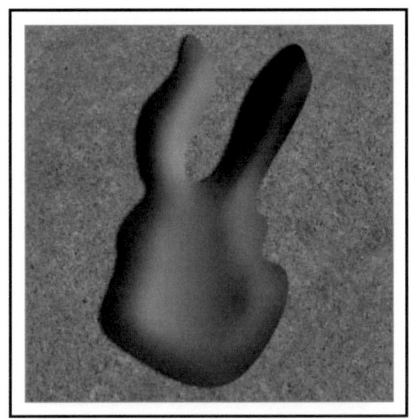

Herz

Das Liebessymbol des Herzens bedarf eigentlich keiner Deutung, aber lassen Sie sich von diesem Symbol nicht allzu sehr verzaubern. Liebe bedarf auch immer einer kontinuierlichen Arbeit am Glück.

Hufeisen

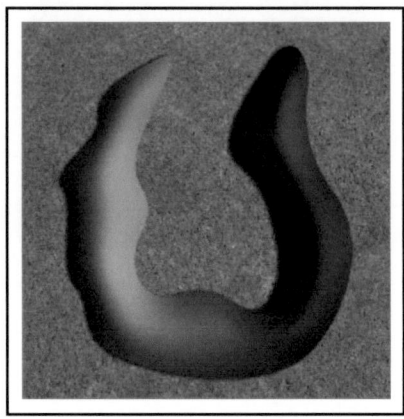

Das Hufeisen fängt mit seiner Öffnung das Glück ein, aber achten Sie darauf, dass es nicht genauso schnell wieder entfleucht.

Hut

Schutz vor Sonne und Regen gibt der Hut. Sorgen Sie für die nötige Vorbereitung, falls Unbill zu erwarten ist.

Hyazinthe

In der griechischen Mythologie wurde Hyacintos aufgrund seiner Schönheit zum Opfer. Denken Sie daran, dass manche Taten und Ideen Neider auf den Plan rufen können.

Igel

Obwohl man beim Igel sofort an die Stacheln denkt, ist er ist ein munterer Zeitgenosse, der neugierig die Welt erkundet und sich nur bei Gefahr zusammenrollt. Igeln Sie sich nicht ein, sondern erfreuen sich an Ihrer Umwelt; doch seien Sie bei Gefahr auf der Hut und verteidigen Sie sich.

Insel

Eine Insel ist ein vom Meer umspültes Stück Land. Man kann sich auf einer Insel zwar von der Außenwelt abschotten, aber der Austausch mit dem Festland ist oft lebensnotwendig. Verschließen Sie sich nicht und denken Sie daran, dass Kontakte unentbehrlich sind.

Käfer

Der Käfer verbindet zwei Welten. Durch seinen Panzer geschützt, kriecht er über den Waldboden und zugleich kann er sich bei Bedarf mittels seiner Flügel durch die Luft bewegen. Schließen Sie erst ein Vorhaben ab, bevor Sie sich auf zu neuen Gefilden begeben.

Karo

Das Karo ist ein auf der Spitze stehendes Viereck. Es steht für die Verbindung Himmel und Erde. Sorgen Sie dafür, dass Sie, wenn Sie mit dem Kopf in den Wolken sind, dennoch mit den Füßen fest auf dem Boden der Tatsachen bleiben.

Katze

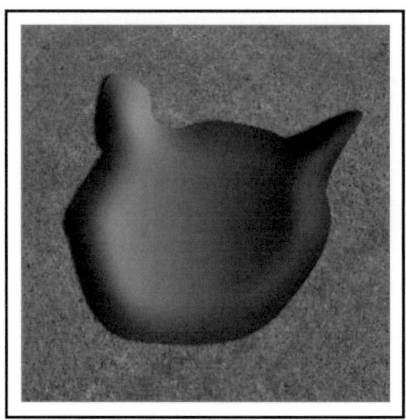

Auch wenn im Aberglauben die Katze als Unglücksbote gilt, so beschützt sie doch Haus und Hof vor Mäusen und sichert auf diese Weise die Vorräte und damit das Überleben. Wenn Sie das Symbol der Katze erkennen, soll Sie dies daran erinnern, Ihre geistigen, seelischen oder körperlichen Reserven zu beschützen.

Kerze

Die Kerze bringt Licht ins Dunkel. Es ist ein Symbol für die Hoffnung und vertreibt trübe Gedanken. Seien Sie bei manchen Dingen, die Sie belasten, ruhig etwas hoffnungsvoller. Am Horizont leuchtet die Flamme für Sie und Ihre Anliegen.

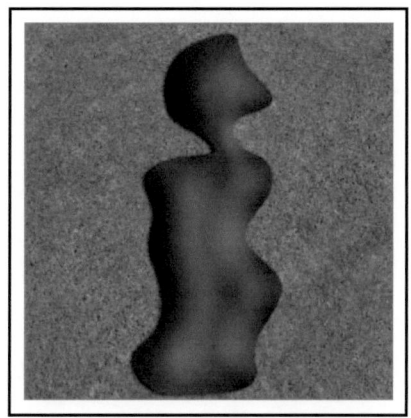

Klee

Wenn wir an das Glück denken, denken wir meist an ein vierblättriges Kleeblatt, aber der Zauber dieses Glückssymbols wirkt nicht, wenn Sie es aktiv erzwingen wollen. Das Glück kommt spontan und unvorbereitet. Seien Sie offen und wach, denn plötzlich kann sich eine Sache zum Guten wenden.

Kreis

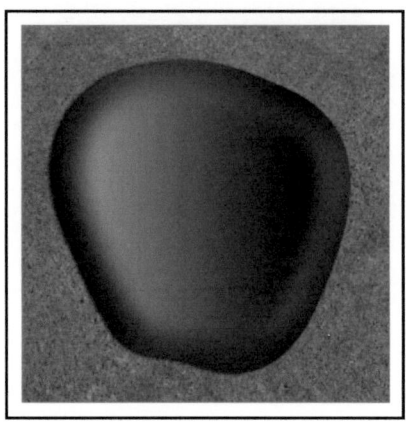

Der Kreis ist ein Symbol für die Vollkommenheit. Der Kreis ist auch ein Symbol für die Welt. Wenn Sie dieses Symbol erkennen, kann das bedeuten, dass sich viele Ihrer unterschiedlichen Aktivitäten und Projekte zu einem Ganzen verbinden.Schulen Sie ihr Erkenntnisvermögen und Sie werden sehen, dass viele Dinge miteinander in Beziehung stehen.

Kürbis

Der Kürbis ist mit seinen vielen Kernen ein Fruchtbarkeitssymbol und verweist durch seine runde Form auf die Sphäre des Mütterlichen. Aber dies soll nicht bedeuten, dass Sie gleich ein Kind erwarten, es bedeutet, dass viele Ihrer Ideen, die in Ihnen wachsen, Früchte tragen können.

Kutsche

Die Kutsche steht für die Fortbewegung. Allerdings wird eine Kutsche von Pferden gezogen, dies kann bedeuten, dass Sie für manche Veränderungen, die sie planen, auch verlässliche Mitstreiter, vielleicht sogar Freunde einspannen können und sollten, um so Ihrem Ziel näher zu kommen.

Margerite

Im Lateinischen bedeutet Margerite „Träne". Warum Sie aber weinen könnten, geht aus dieser Aussage nicht hervor. Es können Tränen der Enttäuschung sein, es können aber auch Tränen der Freude sein. Wichtig ist, dass Sie dieses Gefühl nicht unterdrücken, sondern zu gegebener Zeit an einem sicheren Ort ausleben und aushalten.

Maus

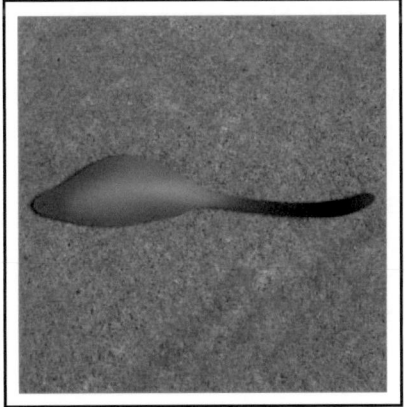

Auch wenn der Ruf der Maus oft schlecht ist, da sie als Plagegeist gilt, waren doch bestimmte Mäuse sowohl im alten Ägypten als auch im antiken Rom Glückssymbole. Eine Maus kann also durchaus ein Glücksbote sein. Zu viel des Glücks kann aber auch zur Last werden. Denken Sie nur an König Midas, bei dem alles, was er anfasste, zu Gold wurde und er am Schluss jämmerlich zugrunde ging. Deshalb genießen Sie das Glück, lassen Sie sich aber nicht davon wegreißen.

Mensch

Der Mensch ist unser Ebenbild, ja mehr noch, der Mensch wurde nach dem Ebenbild Gottes geschaffen. Wenn Sie eine menschliche Figur erkennen, so ist das ein spirituelles Zeichen, dass Sie mehr über sich nachdenken sollten.

Mond

Der Mond, Luna, galt schon seit alters her als wichtiges Symbol. Er wird der Sphäre des Weiblichen zugerechnet. Er ist Symbol der Fruchtbarkeit, allerdings nicht unbedingt der sexuellen, sondern vielmehr einer passiven Empfänglichkeit für bestimmte Einflüsse. Denken Sie daran, dass bei dem Mond; Vollmond, zunehmender Mond und abnehmender Mond unterschieden wird. Bei zunehmendem Mond sollten Sie sich mehr auf Ihre Empfänglichkeit verlassen, bei abnehmendem ist es förderlich, sich manchen Einflüssen auch zu entziehen.

Mund

Über den Mund nehmen wir Nahrung zu uns, aber wir küssen auch mit dem Mund. In erster Linie ist der Mund das Symbol für den Austausch zwischen uns und der Welt. Seien Sie sich bewusst, dass Sie nicht ohne Ihre Umwelt leben können, der Austausch mit Ihrer Umwelt nährt Sie und durch den Austausch mit Ihrer Umwelt erleben Sie auch Momente des Glücks.

Münze

Eine Münze, Bargeld, ist ein symbolisches Medium, über das wir uns mit unserer Umwelt koordinieren. Geld gibt uns Auskunft darüber, ob unsere Ideen oder unsere Werke jemand anderem etwas wert sind. Wenn Sie eine Münze erkennen, bedeutet dies nicht, dass Sie mit einem Geldgewinn rechnen dürfen, was aber durchaus möglich ist. Vielmehr soll es Ihnen vor Augen führen, dass manche Ihrer Ideen wertvoll sind und dass manche Ihrer Ideen, für die Sie keine Belohnung erhalten, vielleicht überdacht werden sollten.

Nagel

Der Nagel hält etwas zusammen. Oft gilt er als Symbol für die Leiden Christi am Kreuz, aber diese Deutung bezieht sich nur auf eine religiöse Weltvorstellung. Vielmehr ist der Nagel ein Symbol, etwas zu errichten, etwas aufzubauen oder einer Konstruktion Stabilität und Dauer zu verleihen. Der umgedrehte Nagel, also mit der Spitze nach oben, ist ein Zeichen für die Achse, um die sich die Welt dreht. Lassen Sie sich aber nicht von der Eitelkeit in die Irre führen, dass sich die Welt um Sie dreht, vielmehr dreht sich die Welt um ihre eigene Achse und Sie sind nur ein Bewohner dieser Welt.

Narzisse

Die Narzisse hat durch die Tiefenpsychologie eine starke Deutung als Zeichen der Selbstverliebtheit erlangt. Narziss war so in sein Spiegelbild verliebt, das er in einem See erblickte, dass er sich selbst hineinstürzte und ertrank. So führt zu viel Eitelkeit ins Verderben. Denken Sie immer daran. Da die Narzisse ein Zwiebelgewächs ist, das jedes Jahr neu erblüht, ist es auch ein Zeichen für die Wiederkehr. Zusammengefasst: Lassen Sie sich nicht von Ihrer immer wiederkehrenden Eitelkeit täuschen.

Ohr

Das Ohr ist wie das Auge ein Wahrnehmungsorgan und wurde oft als Zugang zur Seele gesehen. Aber das Ohr hat noch eine andere Bedeutung. So gelten große Ohren auch als Zeichen der Weisheit des Alters. Hören Sie gut zu, uberlegen Sie, was Sie gehört haben und versuchen Sie die Weisheit im Gehörten zu verstehen.

Oval

Das Oval ist der nicht perfekte Kreis. Ist der Kreis das Vollkommene, so ist das Oval deformiert. Irgendwo ist etwas nicht an seinem richtigen Ort, etwas stört die Harmonie. Versuchen Sie, Ihre Umwelt wieder ins Lot zu bringen, aber seien Sie vorsichtig, dass Sie das Ungleichgewicht nicht noch verstärken.

Palme

Dieses in der südlichen Hemisphäre heimische Gewächs gilt als Friedens-, aber auch als Siegeszeichen. Gerade diese Doppeldeutigkeit gibt den Aufschluss zum Verständnis der Palme. Schließen Sie Frieden mit Ihrer Umwelt. Oft ist das nicht ein Zeichen der Niederlage oder des Aufgebens, sondern eine souveräne Entscheidung, wieder in Frieden mit sich und der Umwelt leben zu wollen.

Peitsche

Die Peitsche ist ein Machtsymbol, es kann sowohl Herrschaft als auch Unterdrückung symbolisieren. Und viele Formen der Herrschaft basieren auf Unterdrückung, viele Revolutionen begannen mit der Aneignung dieser Herrschaftsinsignie. Für Sie bedeutet dies, sich bewusst zu machen, wo sie Unterdrückung erleben und wo Sie wie ein despotischer Herrscher wirken.

Pfeife

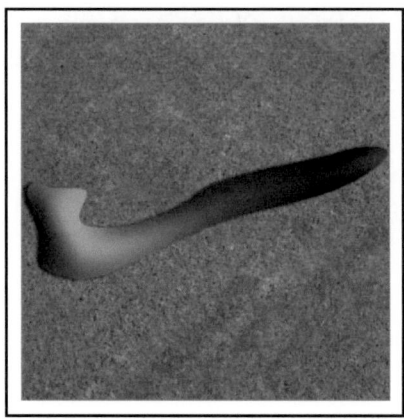

"Rauchen wir erst einmal eine Friedenspfeife", denken wir erst einmal bei einer Pfeife über das Problem nach. Die Pfeife ist ein Symbol der bedächtigen Versöhnung. Nehmen Sie sich Zeit, analysieren Sie einen Ihrer drängenden Konflikte und gehen einmal auf Ihren Widersacher zu. Vielleicht kann sich das Problem auch kooperativ und ohne Streit lösen lassen.

Pfeil

"Schnell wie ein Pfeil". Diese Dynamik des Pfeils macht auch dessen Aussage klar. Es geht darum, den Pfeil loszulassen, auf ein Ziel zu schicken, um so zu einem Abschluss zu kommen. Wenn Sie also zögerlich sind, wie Sie sich verhalten sollen, dann konzentrieren Sie sich auf Ihre Aufgabe, nehmen Sie Ihr Ziel in den Blick und lassen im richtigen Moment den Pfeil los, um so Ihr Ziel zu erreichen.

Pferd

Dass das Pferd, das wir seit der Steinzeit in menschlichen Kulturen vorfinden, über eine reiche Symbolik verfügt, ist evident. Oftmals negativ konnotiert, gilt es aber als Zeichen jugendlicher Kraft. Erinnern Sie sich daran, wie kraftvoll und umtriebig kleine spielende Kinder sind und nehmen Sie diese zum Vorbild.

Pistole

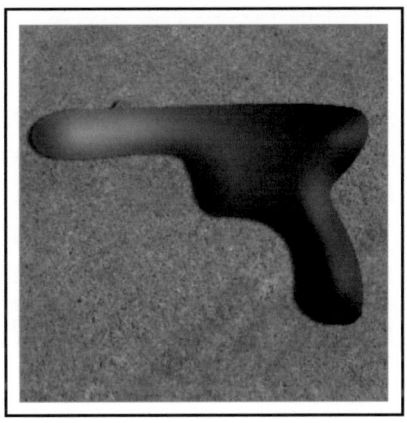

Die Pistole ist eine Waffe. Zu besonderem Ruhm kam sie in den unzähligen Duellen. Dabei, und das ist das Entscheidende, wurde nicht einfach wild aufeinander geschossen, sondern man stellte seinen Kontrahenten mit einem hoch codierten Regelsystem. Wenn Sie also gekränkt wurden, stellen Sie den Verletzer zur Rede, lassen Sie sich nicht von Ihren Gefühlen hinreißen, vielleicht ist der Ausgang für Sie beide ohne Gesichtsverlust möglich.

Pyramide

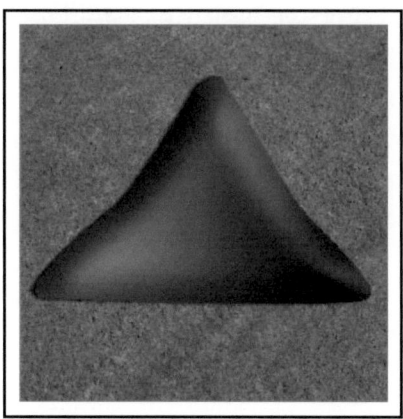

Wir kennen Pyramiden als Grabbauten, dort wurden den Pharaonen reiche Gaben für das Jenseits mitgegeben. Neben Gold und Juwelen handelte es sich um Dinge des täglichen Lebens, sodass eine Pyramide nichts anderes als ein riesiger symbolischer Kornspeicher ist. Wenn Sie dieses Symbol erkennen, so soll es Sie daran erinnern, sich in guten Zeiten etwas Reserve für magere Zeiten zu bewahren. Verausgaben Sie sich nicht in der Freude, um dann in der Verzweiflung keinen Halt mehr zu finden, versuchen Sie sich mehr zu mitteln.

Quadrat

Das Quadrat ist das Gegenbild zum Kreis und so nennt man auch eine unmögliche Aufgabe die Quadratur des Kreises. Das Quadrat ist das Sinnbild für das Statische, das Sichere. Es symbolisiert auch die vier Himmelsrichtungen und findet sich so in vielen architektonischen Grundrissen wieder. Das Quadrat ist im Wasserorakel eine sehr seltene Figur, meist ist sie eine Mischform zwischen Kreis und Quadrat. Das Quadrat kann bedeuten, dass Sie etwas mehr Ruhe in Ihre Umtriebigkeit bringen sollten, wobei auch hier zu bedenken ist, dass zu viel Ruhe auch Versteinerung und dabei den Verlust von Flexibilität bedeuten kann.

Rad

Als Symbol ist das Rad ein Kreis mit inneren Elementen. Es steht für die Dynamik und für das stetige Vorwärtsgehen. Wenn Sie ein Rad erkennen, so sollten Sie vielleicht noch auf den fahrenden Zug der Gelegenheiten aufspringen, bevor dieser ohne Sie weiterfährt.

Ring

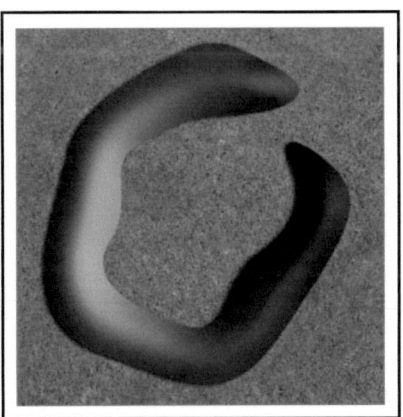

Auch der Ring besteht aus der Kreisform, zeichnet sich aber meist durch ein zusätzliches Element am äußeren Rand aus. Der Ring ist ein Symbol für die Ewigkeit und die Verbundenheit. Er soll Sie daran erinnern, dass wir Menschen soziale Wesen sind und unsere Sozialität auch in indianischen Kulturen als der Schlüssel zur Unsterblichkeit angesehen wurde.

Rose

Die Rose ist das klassische Liebessymbol. Die Rose steht für den Beginn einer Liebe, aber auch für die Wiederentdeckung der Liebe. Allerdings ist die Rose auch ein Symbol der Verschwiegenheit. Wenn Sie also gerade dabei sind, sich neu zu verlieben, seien Sie vorsichtig, wenn Sie diese Gefühle offenbaren.

Säge

Die Säge trennt, sie schneidet durch. Sie unterscheidet sich vom Messer dadurch, dass beim Sägen auch Späne anfallen. Wenn Sie also eine Entscheidung treffen, sich von etwas zu trennen, so ist dies immer auch ein kräftezehrender Akt. Dabei kann diese Trennung oftmals nicht kurz und schmerzlos, sondern langwierig und beschwerlich sein. Aber die Säge ist auch das Werkzeug, mit dem man Bretter herstellt, und jedes Heim besteht aus diesen Brettern. Heißt: Jede Erfahrung, und sei sie noch so schmerzlich, trägt dazu bei, dass Sie letztlich Ihren Platz in der Gesellschaft finden können.

Schaf

Das weiße Schaf gilt aufgrund seiner Duldsamkeit, die durch seine Farbe auch symbolisch erhöht wird, als Symbol der Reinheit und der Unschuld. Jesus nimmt symbolisch als Opferlamm die Schuld der Welt auf sich. Aber es gibt auch den Widder, der ungeduldig, kraftvoll und ohne Rücksicht auf sein Ziel zustürmt. Diese beiden Qualitäten stehen in einem Wechselverhältnis. Zu viel Altruismus, zu viel Selbstlosigkeit kann auch zur Verärgerung und zu maßlosem Zorn führen. Sorgen Sie dafür, dass beide Seiten des Schafs in einem harmonischen Wechselverhältnis stehen. Übersteigerter Altruismus kann auch eine paradoxe Form der Aggression sein.

Schiff

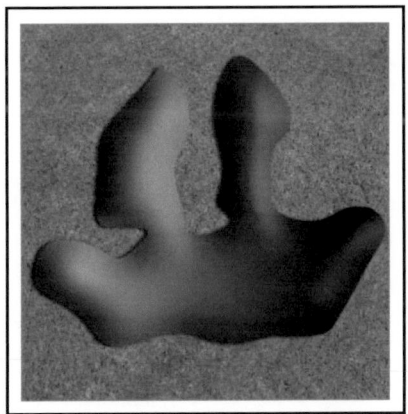

Das Schiff symbolisiert eine Überfahrt, um sicher von einem Ufer zum anderen zu gelangen. Man muss das Schiff aber besteigen. Nur beim Zuschauen sieht man, wie andere sich weiterentwickeln und man selbst bleibt im immer Gleichen verhaftet. Haben Sie Mut und besteigen Sie das Schiff, aber versichern Sie sich, dass es Sie auch dahin fährt, wohin Sie wollen.

Schlange

Die Schlange ist ein ambivalentes Symbol. Einerseits kann Sie Gift speien, das aber auch als Medizin verwandt werden kann. Das Äskulapsymbol ist hier ein gutes Beispiel. Für uns aber ist besonders die Eigenschaft der Schlange, sich beim Wachstum zu häuten, interessant. Manchmal müssen wir uns von Dingen oder Eigenschaften, von denen wir glauben, sie seien uns auf den Leib geschrieben, trennen, um uns weiterentwickeln zu können.

Schlüssel

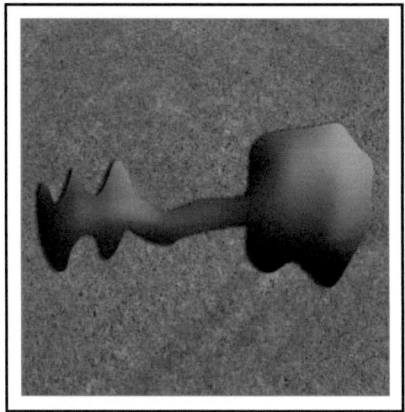

Ein besonderes Symbol ist der Schlüssel. Grundsätzlich schließt der Schlüssel Tore auf und ermöglicht uns so, in neue Gebiete aufzubrechen. Aber wenn wir den falschen Schlüssel haben, bleibt uns das Tor verborgen und nicht selten halten wir einen Schlüssel in der Hand und wissen nicht, für welches Tor er gedacht ist. Wenn Sie das Gefühl haben, solch einen Schlüssel in der Hand zu halten, werfen Sie ihn nicht weg. Vielleicht stehen Sie irgendwann vor dem richtigen Tor und können so neue Gebiete betreten.

Schnecke

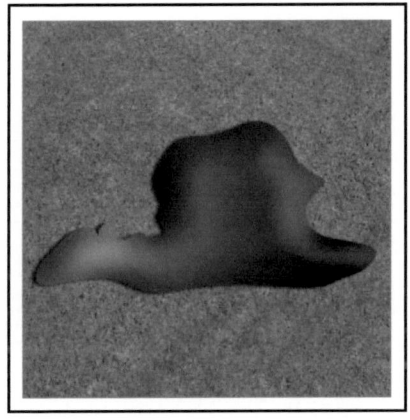

Wenn wir hier von der Schnecke sprechen, so denken wir an eine Schnecke, die ihr Haus auf dem Rücken trägt. Ein Wanderer, der alles, was er braucht, bei sich trägt. Sehen Sie die Schnecke, so überprüfen Sie, ob Sie nicht zu viel Ballast - materiell oder auch immateriell - mit sich herumtragen und ob Sie nicht schneller vom Fleck kommen, wenn sie sich von dem einen oder anderen trennen.

Schuh

In der Antike mussten die Sklaven barfuss laufen, wohingegen die freien Bürger das Vorrecht hatten, Schuhe zu tragen. Der Schuh ist aber auch ein erotisches Symbol. Wenn man den Fuß als Phallus deutet, so kommt dem Schuh die Symbolik der Vagina zu. Verbindet man diese beiden Deutungen, so gemahnt Sie dieses Zeichen daran, sich nicht in allen Dingen von Ihren Leidenschaften führen zu lassen, sondern frei über Ihr Leben zu entscheiden.

Schwert

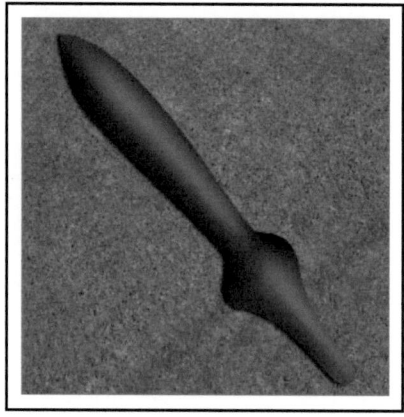

Das Schwert ist ein Richtersymbol. Es trennt zwischen zwei Dingen. Und meist kann durch eine klare Unterscheidung auch ein Problem vernünftig gelöst werden. Sehen Sie also das Schwert, so sollten Sie sich bei der Betrachtung Ihrer Probleme objektiv analysieren und die Probleme zerteilen. Oftmals können viele kleine Entscheidungen schneller getroffen werden als eine große.

Sechseck

Das Sechseck ist die vollkommene Form. Im Christentum gilt sie als Ausdruck der perfekten Welt. Aber in dieser Vollkommenheit kann auch das Chaos liegen. Man denke hier nur an die sechs apokalyptischen Reiter. Im Unterschied zum Quadrat ist das Sechseck also nicht statisch, sondern nur ein temporärer Moment, der im nächsten Augenblick schon wieder zerstört werden kann.

Wenn Sie also ein Sechseck erkennen, soll es Sie daran erinnern, sich zurückzulegen und die Schönheit des Moments auf sich wirken zu lassen, der oft schon durch eine Kleinigkeit wieder flüchtig verschwindet. Schöpfen Sie Kraft aus dieser Betrachtung und haben Sie den Mut, den nächsten Moment wieder so wertzuschätzen.

See

Unwägbar ist die See, dem Weiblichen zugeordnet. Sie kann Leben bringen und Leben vernichten. Sie kann Nahrung bereitstellen oder auch das Verderben bringen. Seien Sie daher vorsichtig und lernen Sie, die Zeichen Ihrer Umgebung richtig zu deuten, um nicht in Seenot zu geraten.

Seil

Zwei Qualitäten hat das Seil: Es kann binden und es kann zur Flucht verhelfen, und gar mancher Berg wurde nur mit Hilfe von Seilen bezwungen. Wenn Sie das Seil sehen, sollten Sie sich bewusst machen, dass manche Dinge, von denen Sie glauben, dass Sie binden, Ihnen mit einer anderen Betrachtungsweise auch zur Freiheit verhelfen können.

Sichel

Die Sichel kennen wir als Werkzeug der Druiden. Mit der Sichel wird die Ernte eingefahren. Die Sichel zeigt Ihnen, dass Sie den richtigen Moment zur Ernte Ihrer Anstrengung nicht verpassen sollten. Holen Sie Ernte heim, mahlen Sie das Korn und backen Sie Brot, das Ihnen neue Kraft für die nächste Saat gibt.

Sonne

Leben ist auf der Erde ohne die Sonne nicht denkbar. Sie gibt uns Kraft, sie unterteilt Tag und Nacht, zu viel Sonne kann aber auch zu Dürre führen. Übertreiben Sie nicht, besinnen Sie sich auf das mittelalterliche Ideal der Mäßigkeit.

Spargel

Der Spargel ist ein Phallussymbol und ein Liebessymbol erster Güte. Allerdings bezieht sich diese Qualität der Liebe in erster Linie auf die körperliche. Der Spargel ist aber oftmals geschmacks- und vitaminarm, das heißt, die sexuelle Anziehungskraft allein ist keine Grundlage für ein gesundes und vitales Miteinander.

Spinne

Das achtbeinige Krabbeltier ist für viele ein gruseliger Zeitgenosse und gilt seit Jeremias Gotthelf als Unglücksbote. Dabei galt die Spinne in der indischen Mythologie als Sinnbild der zum Kosmos aufstrebenden Seele. Wenn wir das Symbol einer Spinne zu erkennen glauben, sollten wir uns deren Fähigkeit, Netze zu spinnen, vergegenwärtigen. Besinnen Sie sich auf Ihr soziales Umfeld. Es kann Ihnen im wahrsten Sinne des Wortes ein Netz sein, in dem Sie Ihre Stellung wahrnehmen und auch absichern können.

Tannenbaum

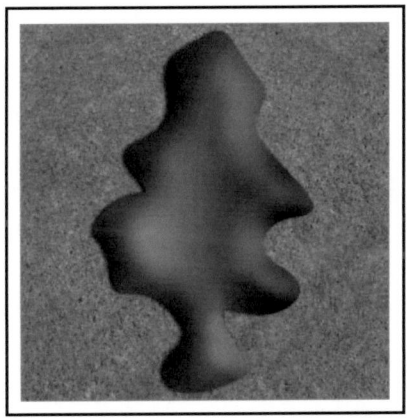

Die Tanne setzt sich aus den Symbolen eines Zylinders und eines Dreiecks zusammen. Hier verbindet sich die Stabilität des Vierecks mit der Sicherheit des Dreiecks. Wenn wir zu diesen Stabilitätsbildern noch die mythologische Bedeutung des immergrünen Baums hinzudenken, steht die Tanne für eine immerwährende Neuerung des ewig Gleichen. Denken Sie also nicht, Sie kennen schon alles, sondern lassen Sie sich von den Änderungen bekannter Dinge verzaubern.

Teller

Der Teller ist ein Kreissymbol, allerdings liegt dieses auf der Horizontalen. Wir blicken sozusagen seitlich auf eine Scheibe. Der Teller ist wie der Löffel ein Zeichen der Gemeinschaft und des Teilens. Für Sie kann dies bedeuten, dass Sie auch andere an Ihren Erfolgen teilhaben lassen sollten.

Tor

Das Tor begrenzt einen Raum und lässt Durchgang zu den nächsten. Es ist ein Symbol der Initiation, der Einweihung. Haben Sie Mut, bekannte Gefilde zu verlassen und neue zu beschreiten, aber seien Sie versichert, dass die bekannten Gebiete nicht verschwinden, sondern dass Sie auch immer wieder zurückkehren können.

Trichter

Eine Menge wird konzentriert und fließt durch eine enge Öffnung. Genauso gilt es auch, die vielen Ideen zu konzentrieren, zu bündeln und zusammenzufassen.

Vogel

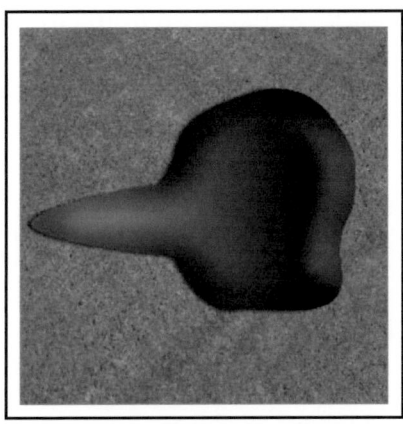

Die Vögel stehen für die himmlischen Sphären und sind Lebenskraft-Symbole. Richten Sie sich auf, recken Sie den Kopf in den Himmel, aber passen Sie auf, dass Sie mit den Füßen nicht den Boden verlieren und wie ein Vogel einfach davonfliegen.

Vulkan

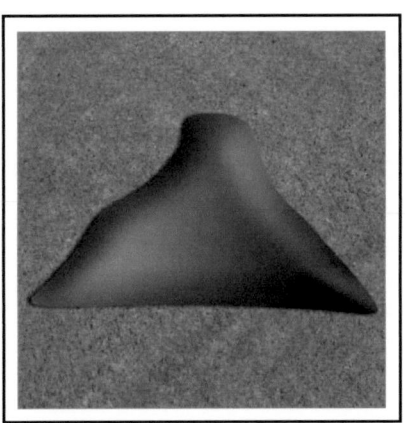

Eruptive Kraft und Wärme strömt vom Vulkan aus. Er kann Zerstörung und Verderben bringen, er kann ganze Landschaften verwüsten, aber auf seinem Grund wachsen auch die besten Weine. Wenn Sie also zu Temperamentsausbrüchen neigen, egal ob diese cholerisch oder melancholischer Natur sind, nehmen Sie sich und Ihr Umfeld in Schutz vor der Zerstörung. Warten Sie ab und pflegen Sie Ihre Gefühle, so können Sie wertvolle Gaben auskultivieren.

Wappen

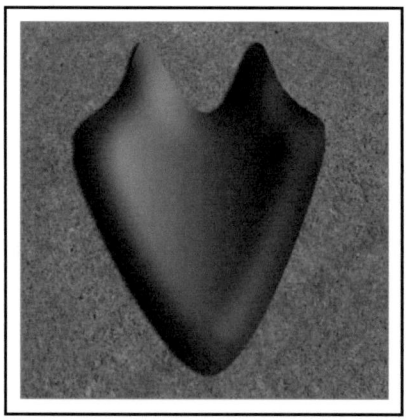

Die Wappenform setzt sich aus einem halben Quadrat und einem halben Kreis zusammen. Es ist ein widersprüchliches Symbol. Aber genau so, wie es selten ideale Formen gibt, gibt es ideale Verhaltensformen. Es ist ein Zeichen des Wechsels zwischen Extremen, und genau dieser Wechsel ist das Kennzeichen des Wappens. Es gibt den wechselvollen Dingen einen Namen. Wenn Sie also wieder einmal zwischen den Extremen schwanken, nehmen Sie dies als Teil Ihrer Persönlichkeit an.

Wolke

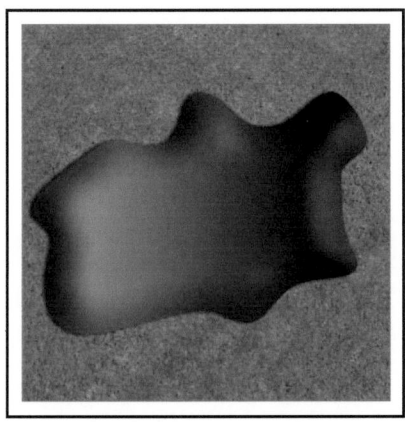

Verdunstetes Nass, das sich in lichten Höhen zusammenballt, das ist die Wolke. Vielfältige Formen und Farben können sie annehmen und so ein Attraktor der Phantasie sein, aber die Wolke kann auch gefährlich und Vorbote eines Gewitters sein. Kein Gewitter dauert ewig, und als Belohnung winkt oft ein wunderschöner Regenbogen, an dessen Fuß ein Schatz versteckt sein soll. Seien Sie also aufmerksam, beobachten, ja genießen Sie das, was um Sie herum passiert, lassen Sie sich nicht ängstigen, sondern denken daran, dass jedes Gewitter vorbeizieht.

Zahlen

Die Zahlen, sowohl römisch als auch arabisch, können Ihnen einen Hinweis geben, in wie vielen Tagen ein besonderes Ereignis auf Sie zukommen kann. Befragen Sie aber die Vergangenheit und erhalten eine Zahl, so rechnen Sie die Tage zurück und erinnern sich an den, der für Sie mit großer Sicherheit von einiger Bedeutung war.

Quelle: * http://www.sprichworte-und-zitate.de/die-angst-hat-grosse-169/
[Stand der Abfrage: 16.08.10